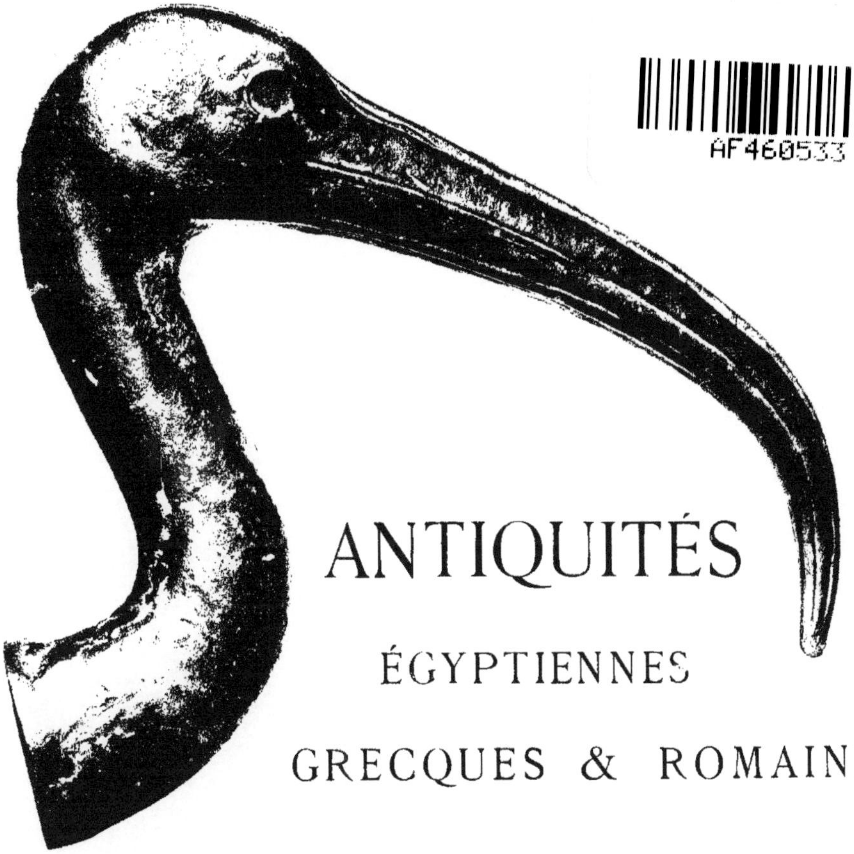

ANTIQUITÉS

ÉGYPTIENNES

GRECQUES & ROMAINES

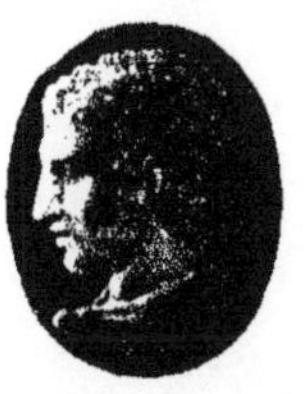

PARIS — 1913

ANTIQUITÉS
ÉGYPTIENNES
GRECQUES & ROMAINES

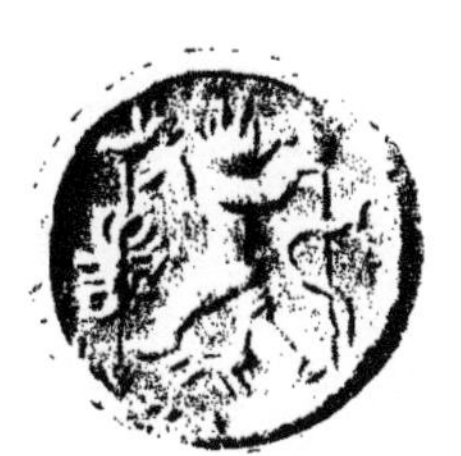

CONDITIONS DE LA VENTE

Elle sera faite au comptant.

Les adjudicataires paieront *dix pour cent* en sus des enchères.

L'expert se réserve, dans l'intérêt de la vente, la faculté de réunir ou de diviser les lots.

Paris — Imprimerie Georges Petit, 12, rue Godot-de-Mauroi. — 23345-13.

CATALOGUE

DES

ANTIQUITÉS

ÉGYPTIENNES

GRECQUES & ROMAINES

Terres émaillées, Bronzes, Pierres dures

BIJOUX D'OR

Pierres gravées — Camées

VASES PEINTS — MARBRES — TERRES CUITES

DONT LA VENTE AURA LIEU A PARIS

HOTEL DROUOT, Salle N° 9

Le Vendredi 21 Novembre 1913

à 2 heures

Me F. LAIR-DUBREUIL
COMMISSAIRE-PRISEUR
6, rue Favart, 6

M. HENRI LEMAN
EXPERT
37, rue Laffitte, 37

EXPOSITION PUBLIQUE

Le Jeudi 20 Novembre 1913, de 1 heure 1/2 à 6 heures

ANTIQUITÉS ÉGYPTIENNES

TERRES ÉMAILLÉES

SCULPTURES — OBJETS VARIÉS

1 — Isis, assise, allaitant Horus. Terre émaillée.

Haut., 70 millim.

2 — Sokhit, debout, en marche, coiffée du pschent et des plumes. Terre émaillée.

Haut., 80 millim.

3 — Ptah, mummiforme debout, tenant le sceptre. Terre émaillée.

Haut., 90 millim.

4 — Statuette mummiforme à tète d'épervier. Terre émaillée.

Haut., 65 millim.

5 — Plaquette découpée, ornée d'une tête de femme de profil à droite, coiffée de la dépouille de vautour. Sur la plaquette se voient des divinités et des uréus. Au revers, une inscription hiéroglyphique. Terre émaillée bleue.

Haut., 130 millim.

6 — Horus entre Isis et Nephtys. Petit bas-relief en terre émaillée.

Haut., 22 millim.

7 — Isis allaitant Horus. La déesse est assise sur un siège, dont le piétement est formé par des lions. Terre émaillée.

Haut., 27 millim.

8 — Les quatre génies funéraires, dont deux sont vus de profil à gauche, deux autres de profil à droite. Plaquettes rectangulaires en terre émaillée bleu turquoise.

Haut., 39 millim.

9 — Deux petites têtes d'épervier et deux ailes de scarabées. Terre émaillée.

10 — Très grand « oudja » en terre émaillée bleu turquoise.

Larg., 13 cent.

11 — Tat, terre émaillée.

Haut., 77 millim.

12 — Bélier couché. — Grenouille. Deux pièces en terre émaillée.

13 — Ibis, le bec appuyé sur une plume. Terre émaillée.

Long., 45 millim.

14 — Cynocéphale, assis, les mains posées sur les genoux. Terre émaillée.

Haut., 10 cent.

15 — Cynocéphale, assis, les mains posées sur les genoux. Terre émaillée.

Haut., 64 millim.

16 — Égide à tête de lionne. Terre émaillée.

Haut., 67 millim.

17 — Fragment d'une statuette en terre émaillée. La divinité représentée accroupie, est couverte d'inscriptions hiéroglyphiques.

Haut., 52 millim.

18 — Tête de lion, de face. Applique en terre émaillée.

Haut., 46 millim.

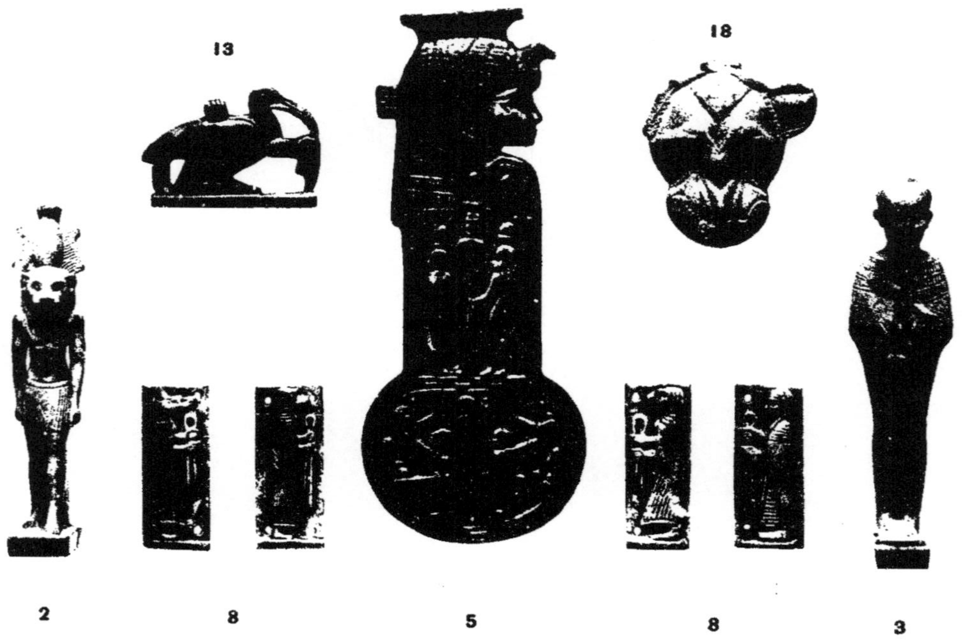
13
18
2
8
5
8
3

19 — Grand scarabée en terre émaillée.

Long., 85 millim.

20 — Scarabée en terre émaillée verte.

Long., 30 millim.

21 — Pendeloque ovoïde en terre émaillée, ornée, au pourtour, de quatre masques du dieu Bès, coiffé de plumes. Égypte.

Haut., 6 cent.

22 — Coiffure en terre émaillée ; elle est ornée de disques juxtaposés. Égypte.

Haut., 55 millim.

23 — Petite colonnette unie, surmontée d'un chapiteau feuillagé. Terre émaillée. Égypte.

Haut., 56 millim.

24 — Petit chapiteau, orné de volutes. Terre émaillée gris bleu.

Haut., 30 millim.

25 — Chapiteau lotiforme, en terre émaillée verte et blanche. Fragment de coupe, orné d'un animal fantastique en pâte incrustée. Deux pièces.

26 — Plaquette découpée, ornée de disques. Terre émaillée bleu lapis.

Haut., 40 millim.

27 — Petite réglette en terre émaillée, avec incrustations en pâtes de couleurs.

Long., 60 millim.

28 — Fragment de vase en terre émaillée, décoré d'inscriptions hiéroglyphiques, de personnages et d'arbustes. Égypte.

Haut., 50 millim.

29 — Fragment de coupe évasée en terre émaillée ; elle est ornée de trois frises superposées, présentant des personnages, des animaux et des fleurs de lotus. Égypte.

Haut., 10 cent.

30 — Fragment de coupe en terre émaillée, simulant une fleur de lotus.

Haut., 11 cent.

31 — Applique en terre émaillée blanche et verte, figurant une fleur de lotus.

Haut., 53 millim.

32 — Ornement architectural d'angle, en forme de palmette, en terre émaillée verte. Égypte.

Haut., 18 cent.

33 — Tête d'hippopotame, tournée à gauche. Applique en sardoine.

Haut., 35 millim.

34 — Vautour. Les plumes sont finement gravées. Lapis-lazuli.

Haut., 20 millim.

35 — Cynocéphale accroupi. Lapis-lazuli.

Haut., 20 millim.

36 — Scarabéoïde à tête d'épervier, finement gravé. Lapis-lazuli.

Long., 25 millim.

37 — Scarabée en pierre dure grise, finement sculpté, et portant des inscriptions hiéroglyphiques gravées.

38 — Deux petites amulettes représentant des divinités accroupies, à corps humain et à tête d'épervier, l'une en feldspath, l'autre en marbre blanc incrusté de marbre noir.

Haut., 25 et 30 millim.

39 — Deux très petits éperviers, l'un en lapis-lazuli, l'autre en sardoine.

40 — Très petite divinité, assise, les mains posées sur les genoux. Lapis-lazuli.

Haut., 22 millim.

41 — Tête de lion, vue de profil, à droite. Applique en pâte de verre.

Long., 22 millim.

42 — Masque de personnage, de profil à droite. Applique en pâte de verre bleu lapis.

Haut., 20 millim.

43 — Masque de face en haut-relief. Marbre gris.

Haut., 35 millim.

44 — Dé à jouer en calcédoine, et deux perles en pierre dure.

45 — Anubis et sohkit. Deux très petites amulettes égyptiennes en or.

46 — Isis et Nephtys. Deux très petites amulettes égyptiennes en argent.

47 — Cynocéphale accroupi, la tête surmontée du disque. Argent.

Haut., 28 millim.

48 — Très petit vase fusiforme, en oxyx gris rubané.

Haut., 35 millim.

49 — Très petit vase en améthyste. Égypte.

Haut., 31 millim.

50 — Très petit vase, de forme aplatie, muni de deux oreillettes repercées servant d'anses. Marbre vert moucheté. Égypte.

Haut., 46 millim.

51 — Très petit vase à panse ovoïde, à large orifice et muni de deux petites oreillettes repercées servant d'anses. Marbre moucheté blanc et noir. Égypte.

Haut., 34 millim.

52 — Petit vase en marbre noir veiné ; il est muni de deux oreillettes percées servant d'anses. Abydos.

Haut., 6 cent.

53 — Vase à panse ovoïde, en marbre jaune tacheté de blanc ; il est muni de deux oreillettes repercées. Égypte.

Haut., 15 cent.

54 — Vase à panse ovoïde, en marbre noir moucheté ; il est muni de deux oreillettes repercées. Égypte.

Haut., 145 millim.

55 — Tête d'homme, coiffé d'une perruque unie. Les traits du visage sont particulièrement accentués et d'un grand réalisme. Basalte. Égypte.

Haut., 8 cent.

56 — Petite tête d'homme, le crâne entièrement rasé, les yeux largement fendus, les lèvres épaisses. Basalte vert.

Haut., 45 millim.

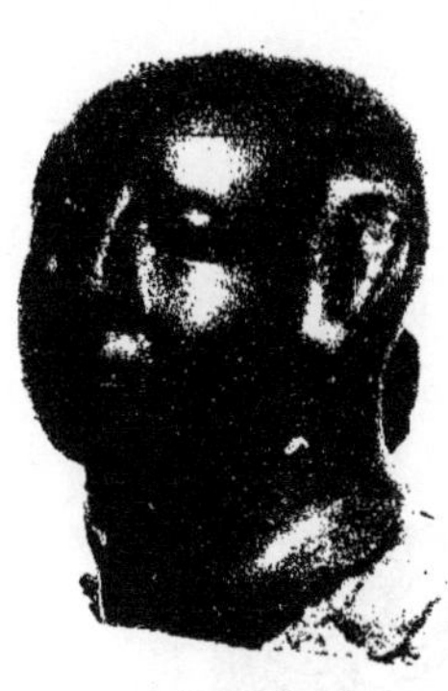

N° 56.

57 — Statuette, à mi-corps, de personnage portant une perruque tressée retombant de chaque côté du visage. Les bras sont fixés le long du corps. Les chairs sont peintes en rouge, la perruque était peinte en bleu. Pierre calcaire. Égypte.

Haut., 12 cent.

58 — Torse d'homme, en pierre calcaire. Il est vêtu seulement de la *shenti*, laissant la poitrine et les cuisses nues, et était représenté dans l'attitude de la marche, la jambe gauche avancée. Travail égyptien antique.

Haut., 19 cent.

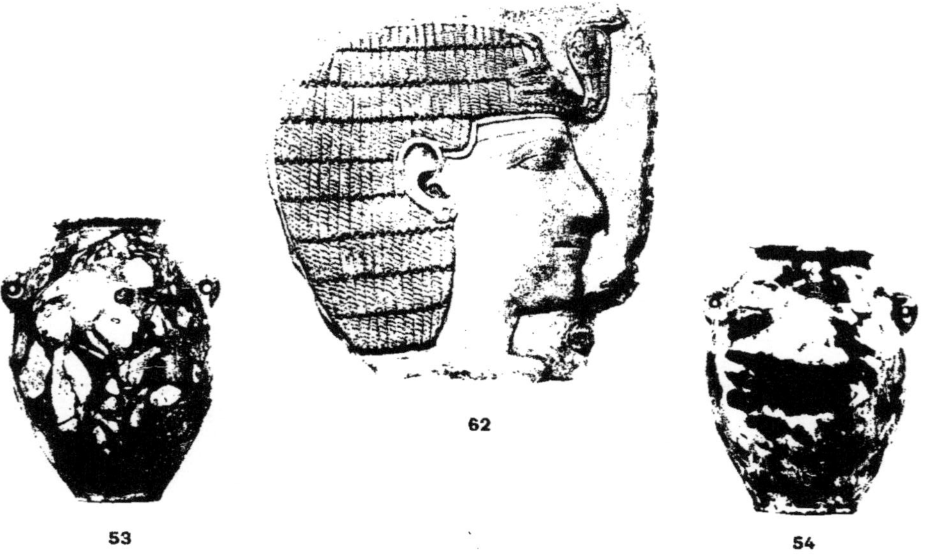

53

62

54

59 — Tête-applique de personnage, vue de face, coiffée du *claft*, orné de l'uréus. Calcaire.

Haut., 9 cent.

60 — Petite tête d'homme, coiffée de la perruque tressée. Calcaire blanc, avec rehauts de peinture noire. Égypte.

Haut., 40 millim.

61 — Tête de lionne, de profil à droite. Petit bas-relief cintré en pierre calcaire. Égypte.

Haut., 10 cent.; larg., 85 cent. 1/2.

N° 63.

62 — Bas-relief, représentant une tête de divinité, de profil à droite, coiffée de la perruque bouclée, ornée de l'uréus. Calcaire.

Hauteur et largeur, 20 cent.

63 — Petite boite en bois sculpté, simulant une oie préparée pour l'offrande. La tête est recourbée sur le côté, et les ailes et les pattes sont repliées sous le ventre.

Long., 105 millim.; larg., 60 millim.

64 — Fragment de bas-relief très finement sculpté, représentant un personnage tourné de profil à droite, assis sur un siège ornementé, les pieds posés sur un tabouret. Il tient de sa main droite une fleur de lotus. Devant lui, un homme assis à terre joue de la harpe. Sur le sol, un coq dressé. Dans le haut, inscriptions hiéroglyphiques en relief. Calcaire blanc. Égypte.

Haut., 28 cent.; larg., 34 cent.

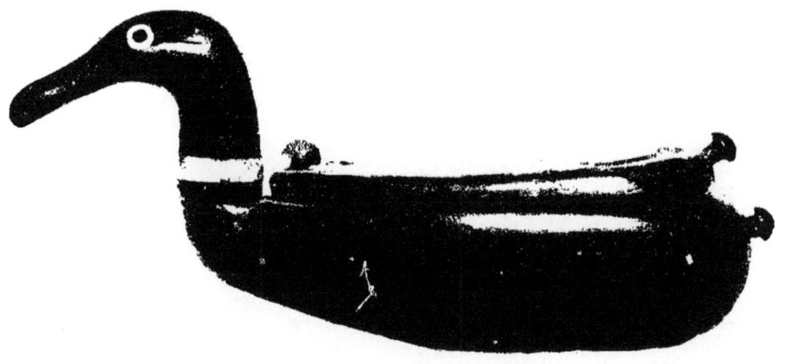

N° 65.

65 — Boite à couvercle en forme de canard, en bois incrusté d'ivoire.

Long., 15 cent.

66 — Statuette de jeune femme debout, vêtue d'une longue robe collante tombant jusqu'aux chevilles ; elle est coiffée d'une volumineuse perruque ondulée. Le bras droit, nu, pend le long du corps : le bras gauche, dissimulé sous le manteau, est ramené vers la poitrine. Bois.

Base rectangulaire, portant une inscription hiéroglyphique.

Haut., 235 millim.

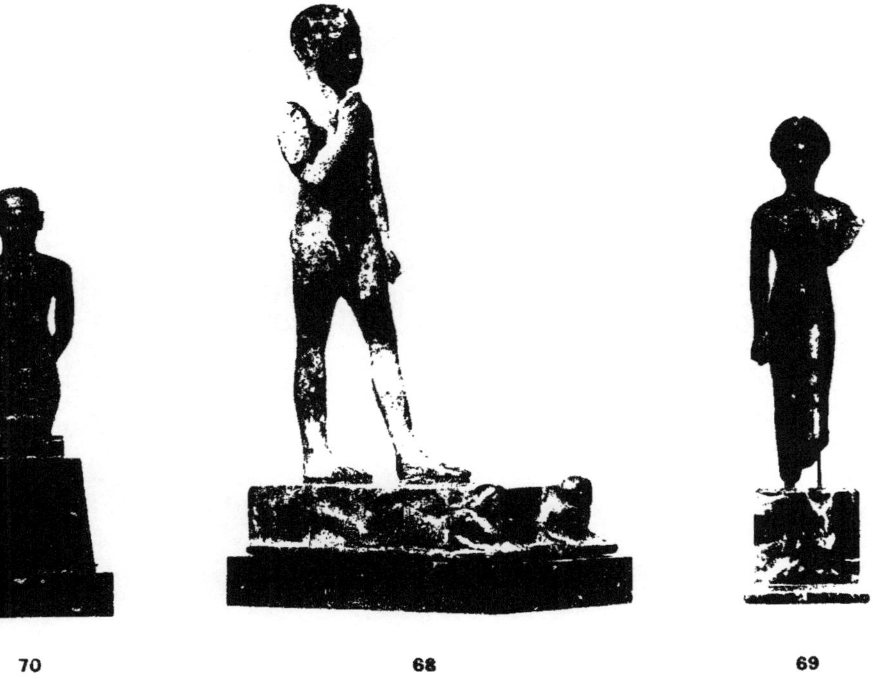

70 68 69

BRONZES

67 — Osiris mummiforme debout. Bronze partiellement plaqué d'or.

Socle en marbre rouge.

Haut., 20 cent.

68 — Horus enfant, debout et nu, la jambe gauche avancée, l'index rapproché des lèvres. Il est posé sur une base rectangulaire, soutenue par deux personnages étendus sur le ventre, les bras en avant. Sur ce socle se voient quelques inscriptions hiéroglyphiques.

Haut., 165 millim.

69 — Jeune femme debout, en marche, coiffée de la perruque ornée de l'uréus. Elle est vêtue d'une longue tunique étroite et collante. Le bras droit pend le long du corps ; la main gauche est ramenée contre la poitrine. Beau style. Égypte.

Socle mouluré en marbre.

Haut., 11 cent.

70 — Adorant agenouillé ; il présente une statuette d'Osiris mummiforme, qu'il maintient devant lui. Base plate.

Haut., 8 cent.

71 — Très petite statuette de personnages assis à terre, les jambes accolées, les mains posées sur les genoux. La tête rasée est penchée en avant.

Socle en marbre rouge.

Haut., 30 millim.

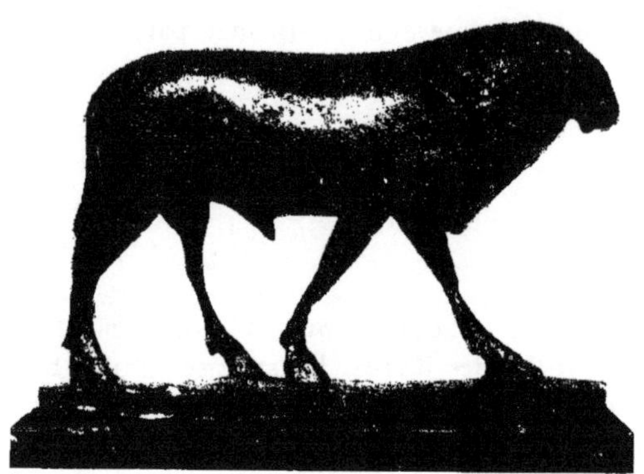

N° 73.

72 — Sphinx dressé sur ses pattes. La tête, barbue, est coiffée du claft orné de l'uréus. Elle est surmontée des grandes cornes, du disque avec l'uréus et de deux plumes. Une sorte de tablier couvre les pattes de devant. Les yeux sont plaqués d'or.

Socle en marbre janne de Sienne.

Haut., 265 millim.

Collection Hoffmann, n° 410, 1894.

73 — Bélier en marche, sur une base plate rectangulaire.

Socle en marbre rouge.

Haut., 50 millim.; long., 71 millim.

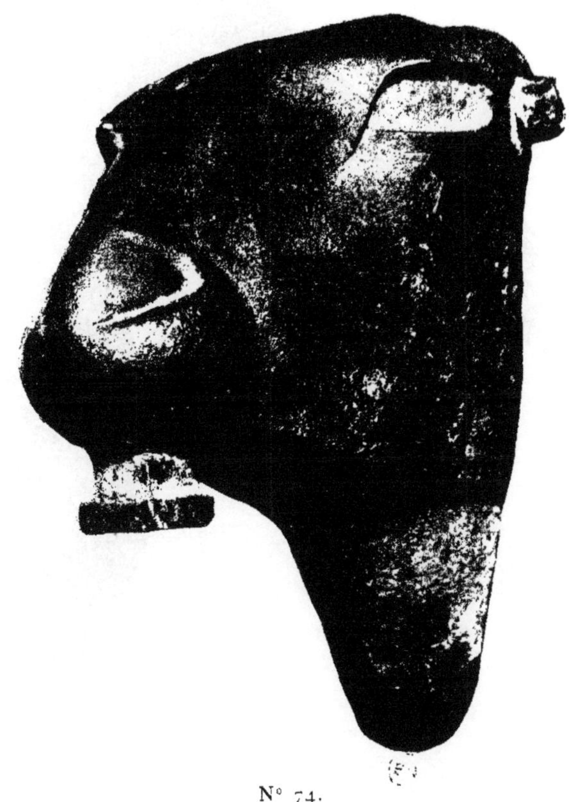

N° 74.

74 — Partie antérieure d'une tête de bélier très largement modelée. Les yeux ont été incrustés de pierres. Une barbiche est indiquée sous le museau.

Patine verte. Support en marbre jaune de Sienne.

Haut., 16 cent.

Collection Hoffmann, n° 26, 1899.

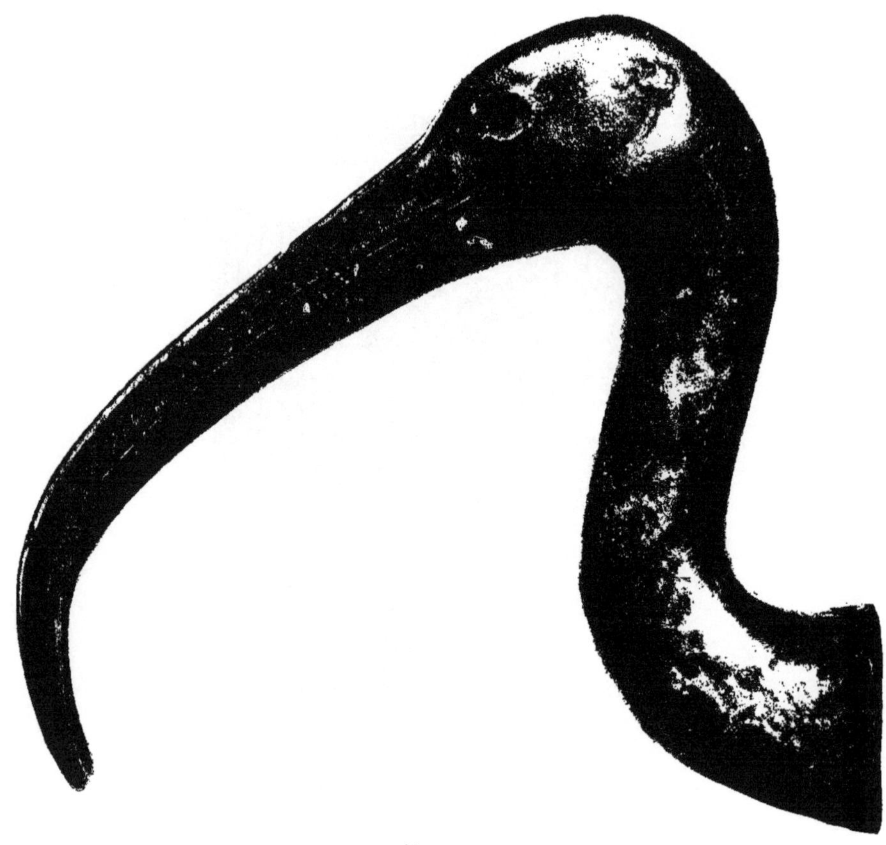

N° 75.

75 — Tête d'Ibis. Les yeux ont été incrustés de pierres. Support en marbre rouge antique.

Long., 175 millim.

76 — Tête de lionne, finement ciselée. Bronze égyptien. Support en granit.

Haut., 13 cent.

77 — Chatte assise. Elle porte un collier incrusté d'argent. Base plate découpée. Bronze. Égypte.

Long., 4 cent.

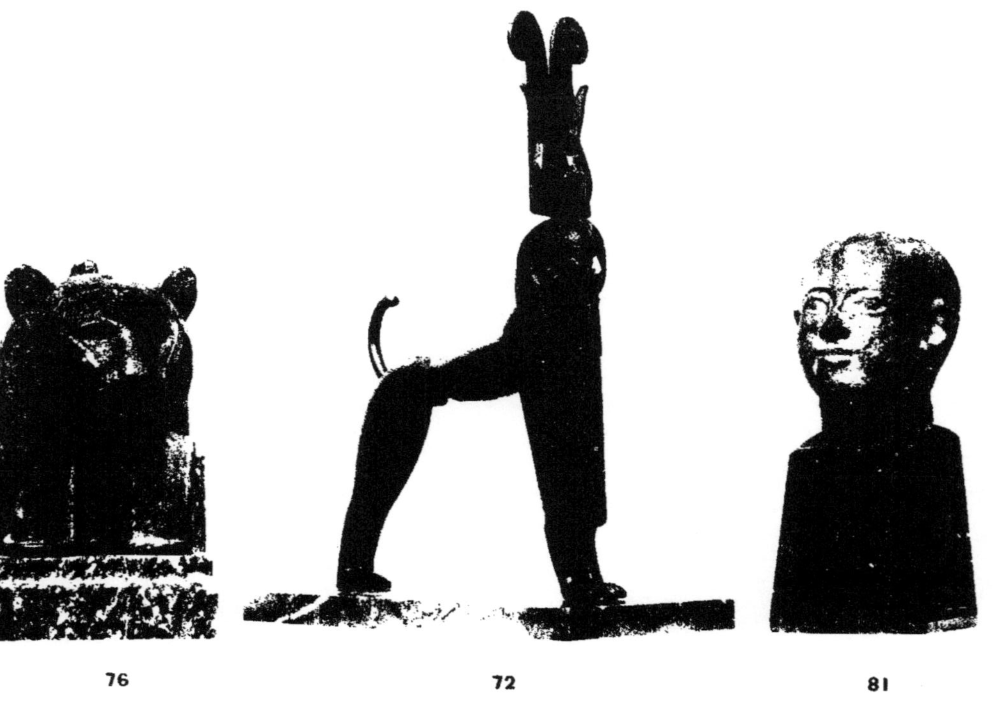

76 72 81

78 — Cynocéphale assis, tenant devant lui une stèle rectangulaire portant des inscriptions hiéroglyphiques disposées en trois colonnes.

Socle en marbre jaune de Sienne.

Haut., 30 millim.

79 — Scarabée à tête d'épervier, en bronze incrusté d'or.

Long., 83 millim.

Collection Forman, Londres, 1899.

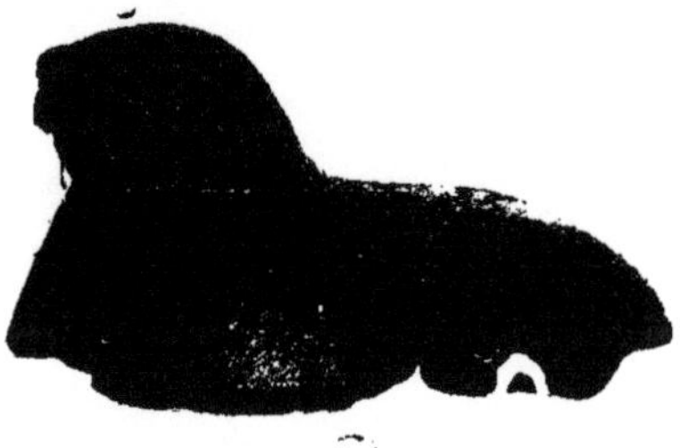

N° 79.

80 — Chatte à demi dressée. L'animal est posé sur un socle découpé portant une inscription hiéroglyphique gravée. Bronze.

Long., 8 cent.

81 — Tête d'homme, le crâne entièrement rasé. Bronze. Égypte.

Socle en marbre.

Haut., 87 millim.

82 — Masque en bronze, vu de face, les yeux et les sourcils sont incrustés de pâtes de verre bleu lapis et blanche.

Haut., 4 cent.

83 — Plume droite, provenant d'une coiffure ; elle est en bronze incrusté de pâtes de verre bleu lapis et rouge.

Haut., 29 cent.

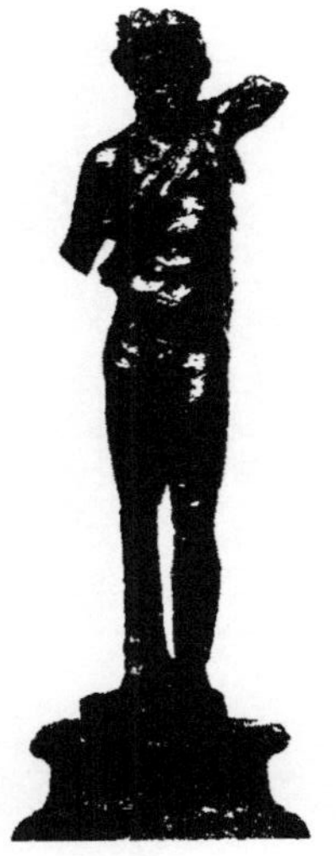

85

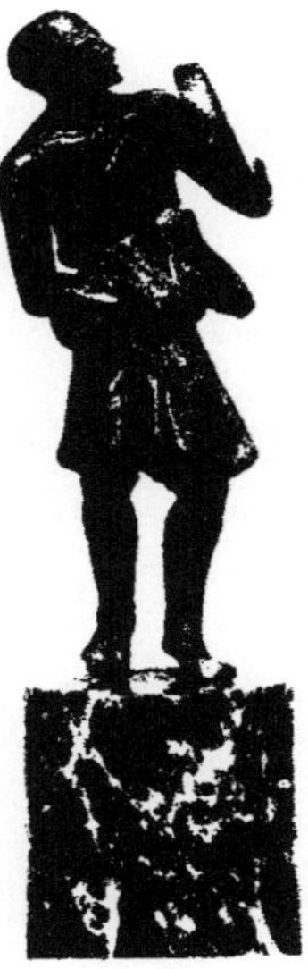

84

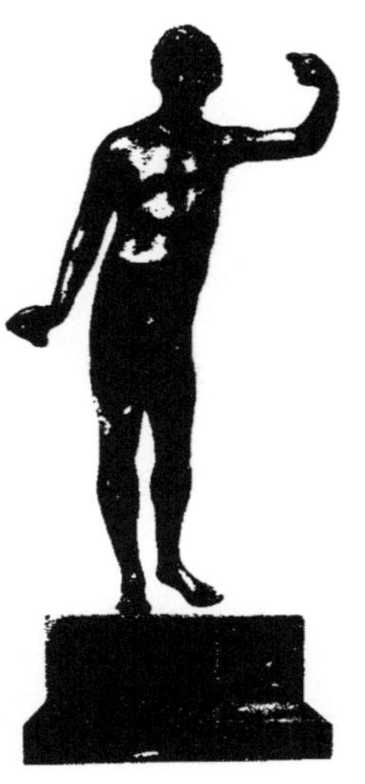

87

HÉLIO LÉON MAROTTE

ANTIQUITÉS
GRECQUES & ROMAINES

BRONZES

84 — Esclave debout, jambes et pieds nus, vêtu d'une tunique courte serrée autour des reins. Il est imberbe et a le crâne entièrement rasé; il incline le corps du côté droit, la tête tournée vers la gauche. Il porte sur son bras gauche un tambourin. Une besace suspendue à son épaule pend sur le côté. Bronze alexandrin.

Socle en marbre.

Haut., 11 cent.

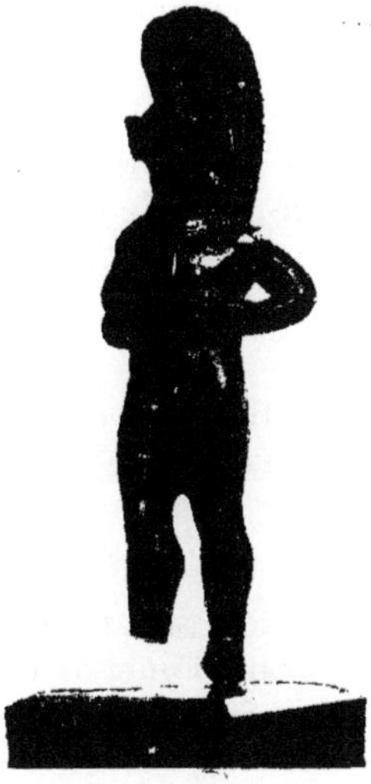

N° 86.

85 — Silène, nu et debout, la jambe gauche avancée. Il est barbu et ses cheveux sont entremêlés de feuilles. Une peau de bête, passant sur l'épaule gauche, tombe sur le dos. Son bras gauche était levé, le bras droit abaissé. Beau style.

Base ronde en bronze antique.

Hauteur totale, 15 cent.

86 — Guerrier debout et nu, coiffé d'un casque à haut cimier, dont les paragnathides sont relevées au-dessus des oreilles. Il est en marche, la jambe gauche avancée, les deux poings ramenés contre les hanches. Bronze étrusque.

Socle en marbre.

Haut., 85 millim.

87 — Éphèbe nu et debout, imberbe et les cheveux bouclés. Le corps posant sur la jambe droite, la jambe gauche infléchie et légèrement reculée. Il tient un serpent de la main droite abaissée; le bras gauche levé tenait un thyrse. Bronze romain.

Socle en marbre rouge.

Haut., 115 millim.

88 — Masque de théâtre, de femme, de face, la bouche ouverte; les cheveux sont ramenés sur le front en boucles symétriques. Applique. Bronze romain.

Support en marbre.

Haut., 11 cent.

89 — Très petite tête de Vénus. Les cheveux ondulés ramenés de chaque côté du visage. Les oreilles étaient percées. Bronze antique.

Haut., 20 millim.

90 — Buste-applique de Minerve, de face, casquée; les cheveux bouclés encadrent le visage. Bronze romain.

Haut., 70 millim.

91 — Petite tête de nègre, les cheveux crépus, le nez largement épaté. Fonte de fer (?).

Socle colonnette en marbre noir.

Haut., 53 millim.

92 — Personnage assis; il porte une barbe taillée en pointe et tourne la tête vers la droite. Il est vêtu d'une tunique étroite lui couvrant les deux bras. Bronze étrusque.

Socle en marbre rouge.

Haut., 45 millim.

93 — Sirène dressée sur ses pattes, la tête couverte d'un capuchon, les ailes fermées. Bronze étrusque.

Socle rond en marbre rouge.

Haut., 45 millim.

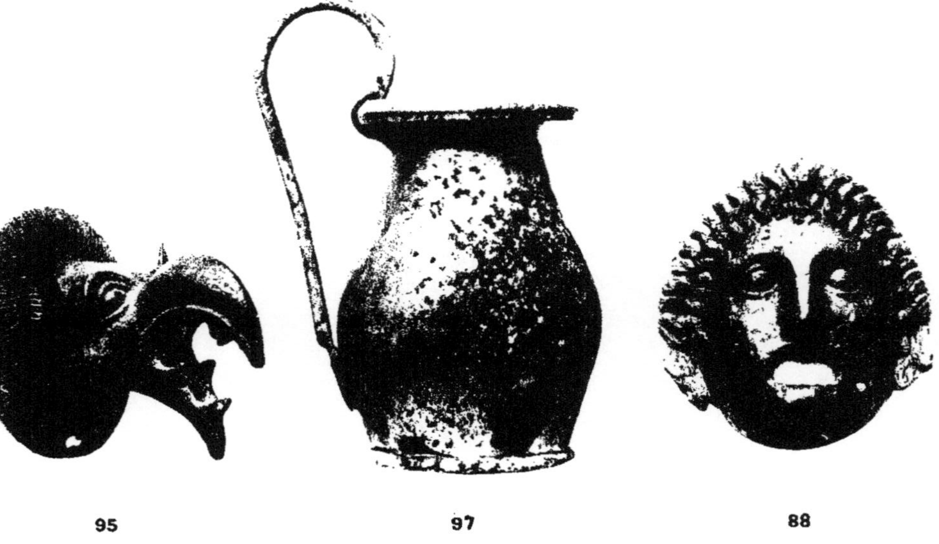

95 97 88

94 — OISEAU debout sur une sphère. Bronze romain.

Haut., 4 cent.

95 — TÊTE de griffon; la gueule largement ouverte laisse apercevoir les dents. Les oreilles, longues, sont dressées, et une plaque ronde, placée derrière la tête, est ornée de stries gravées simulant la crinière. Bronze étrusque très ancien.

Haut., 35 millim.

Collection Forman, Londres 1899.

96 — TÊTE de lion, la gueule ouverte. La crinière est sommairement ciselée. Bronze étrusque.
Support en marbre jaune de Sienne.

Haut., 6 cent.

97 — VASE en bronze antique, à panse unie recouverte d'une patine verte exceptionnelle. Anse surélevée avec plaque d'attache découpée.

Haut., 17 cent.

98 — MIROIR en bronze. Il est orné d'un sujet gravé, présentant deux personnages. Le bord est dentelé, et le manche est terminé par une tête d'animal. Patine verte.

Diam., 115 millim.; long., 230 millim.

99 — CASQUE grec à nasal, surmonté d'un bouton quadrangulaire. Les bords sont percés pour y fixer une garniture d'étoffe. Bronze.

100 — PETITE PINCE et fibule. Deux pièces romaines en bronze.

101 — POIDS en forme de disque plat, portant gravé une croix et deux lettres grecques.

Diam., 34 millim.

BIJOUX

102 — Bague en or à chaton elliptique, présentant une Victoire debout, tenant une couronne. Sous ce chaton, une palmette stylisée. Anneau en torsade.

103 — Bague en or antique, formée d'une torsade filigranée.

104 — Bague en or antique, formée d'un anneau ouvert terminé par deux têtes de serpent.

105 — Bague en or antique. Le chaton, sphérique, est orné de grainetis et d'un grenat cabochon, et l'anneau simule une tresse.

106 — Bague jumelle en or antique, formée de deux anneaux juxtaposés enrichis de deux grenats cabochons.

107 — Grosse bague en or antique. L'anneau, à nervures saillantes, se termine par un chaton plat, orné d'une intaille gravée présentant une Victoire debout, à gauche, et tenant une couronne.

108 — Bague en or antique. L'anneau uni est enrichi, sur le chaton, d'une cornaline gravée, représentant une tête de femme casquée, de profil à gauche.

109 — Bague en or antique. L'anneau, uni, est enrichi, sur le chaton, d'une corneline gravée, représentant Isis debout, tenant une corne d'abondance.

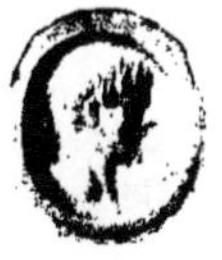

N° 111.

110 — Bague en or antique. Anneau uni, chaton plat enchâssant un camée, représentant un génie debout, tourné à gauche. Sardonyx à deux couches.

111 — Bague en or, ornée d'une intaille gravée sur améthyste. Tête d'homme barbu, de profil à gauche.

112 — Bague en or, ornée d'une pierre gravée antique, représentant Mars et Ilia. Nicolo.

113 — Bague en argent, ornée d'une intaille gravée, représentant un bœuf passant à gauche. Nicolo.

114 — Bague en bronze antique, ornée d'une cornaline portant une inscription.

115 — Bague en argent, à chaton mobile, orné d'un fragment de pierre gravée, à double face, à personnage et inscriptions.

116 — Bague en cuivre gravé, ornée d'une pâte de verre représentant une tête d'homme laurée, de profil à droite.

117 — Bague en pierre sculptée. L'anneau est orné de deux personnages soutenant le chaton ovale qui est gravé d'un buste de style assyrien.

118 — Collier en or antique, formé de perles d'or couvertes de filigranes. Au centre est un médaillon ovale, garni de grenats cabochons, et au fermail un disque repoussé, présentant une tête de femme de face, inscrite au centre d'une bordure filigranée.

Longueur totale, 38 cent.

119 — Collier en or antique. Les maillons, formés d'une torsade, alternent avec des perles. Un médaillon, orné d'un camée en sardoine, représentant une tête de méduse, est disposée en pendentif.

Longueur totale, 32 cent.

120 — Bandeau en or antique. Il est orné d'une rosace découpée simulant une fleur épanouie et enrichie d'un grenat cabochon.

Long., 30 cent.

121 — Médaillon en or estampé, présentant un buste de bacchante, de face, couronnée de fleurs. Encadrement émaillé à décor géométrique.

Diam., 35 millim.

122 — Grosse bulle étrusque en or estampé, de forme lenticulaire ; la bélière est ornée de filigranes.

Haut., 75 millim.

123 — Fibule à navicella en or antique, à décor d'ornements géométriques filigranés. Étrurie.

Long., 8 cent.

124 — Épingle en or antique ; la tête est en forme de cœur enrichi d'un grenat, et l'épingle simule une natte.

Long., 55 millim.

125 — Épingle de coiffure, formée d'une boule creuse en or estampé, décorée de filigranes.

126 — Trois épingles de coiffure en or antique, à tige quadrangulaire, ornée d'un grainetis, et garnies l'une d'une perle en onyx rouge, et les deux autres d'une perle en terre cuite dorée.

127 — Sphère en or antique, couverte entièrement d'ornements granulés disposés géométriquement.

128 — Petite bulle étrusque en or repoussé, de forme lenticulaire.

Haut., 20 millim.

129 — Trois petits disques en or antique, ornés chacun d'une rosace filigranée et d'un grenat cabochon.

130 — Deux petits masques humains en or estampé.

131 — Petite tête de cheval en or antique.

132 — Paire de boucles d'oreilles, en or antique : amour nu les ailes éployées, suspendu à un disque formé d'une fleur épanouie, et surmonté d'une feuille enrichie d'un grenat cabochon.

Hauteur totale, 62 millim.

133 — Boucle d'oreille plate, en or filigrané, en forme de croissant et soutenant quatre petites chaînettes.

Disque en or antique décoré, sur chacune de ses faces, d'ornements filigranés. Deux pièces.

134 — Petite bulle en argent doré, elle est ornée, sur chaque face, d'une rosace repercée.

Diam., 22 millim.

CAMÉES, PIERRES GRAVÉES, ETC.

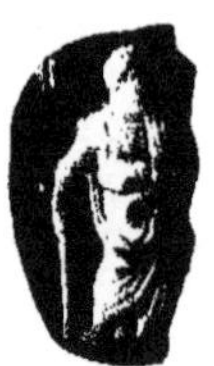
N° 136.

135 — CAMÉE : buste de Tibère, de face, lauré, sculpté en haut-relief. Calcédoine. Encadrement en or filigrané de style antique.

Haut., 40 millim.

136 — CAMÉE : Marc-Aurèle, debout, drapé, tourné vers la droite et tenant un sceptre. (Incomplet.) Sardonyx.

Haut., 28 millim.

137 — CAMÉE : Hercule jeune, de profil à gauche, portant une barbe naissante sur les joues. La peau de lion est nouée sur la poitrine. Agate à deux couches.

Haut., 30 millim.

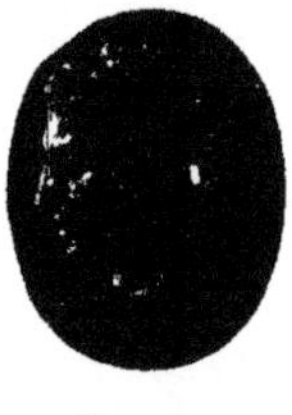

138 — PHALÈRE : tête de Méduse, de face, les cheveux retenus par un bandeau sur le front. Époque romaine. Sardoine.

Diam., 40 millim.

N° 137.

139 — CAMÉE : tête de Méduse, de face, les cheveux épars, et deux serpents enlacés sur le cou. Agate à deux couches.

Diam., 23 millim.

140 — PETIT MASQUE tragique en marbre jaune.

Haut., 5 cent.

141 — BUSTE de Minerve (la tête manque), elle était revêtue de l'égide ornée du masque de Gorgone. Calcédoine.

Haut., 45 millim.

142 — TRÈS PETITE STATUETTE de la Fortune, debout, drapée, tenant la corne d'abondance. Onyx.

Haut., 4 cent.

143 — CAMÉE : tête de femme, de face. Les cheveux, séparés en deux bandeaux lissés, encadrent le visage et cachent les oreilles. Sardoine.

144 — Intaille : Sagittaire galopant à droite et tirant de l'arc. Jaspe.

145 — Grosse intaille : buste de Mercure de face, une draperie sur l'épaule gauche. Derrière l'épaule droite, le caducée. Améthyste.

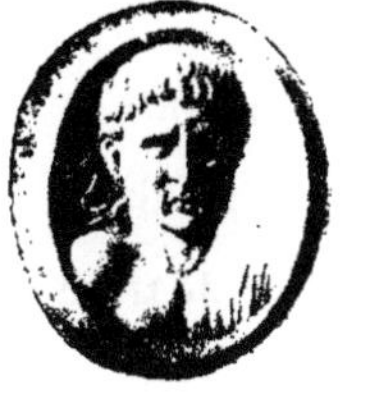

N° 145.

146 — Cinq intailles à sujets variés : Hercule combattant l'hydre. Faune et bouquetin. Satyre suspendu à un arbre devant un jeune satyre agenouillé. Guerrier tenant son casque et sa lance. Jeune femme debout, à gauche, tenant une coupe.

147 — Six intailles : bustes de personnages et tête d'aigle.

148 — Quatre pierres gravées variées : deux philosophes, l'un assis, l'autre debout. Légende grecque dans le champ. Abraxas : Horus assis sur la fleur de lotus. Inscription magique. — Tête de mort avec légende circulaire. — Hercule agenouillé portant l'Amour sur son épaule.

149 — Cinq intailles : trois, gravées sur pierres dures, présentent des bustes. Les deux autres, en ambre, sont ornées de sujets mythologiques.

150 — Fragment de cylindre gravé, en hématite. Scarabée étrusque en cornaline : lion bondissant. Intaille orientale : oiseau. Cabochon en feldspath. Ensemble quatre pièces.

151 — Cône gravé. Il représente un homme debout, les jambes écartées, entre lesquelles passe, à gauche, un chien. De chaque côté un bâton, portant l'un un serpent, l'autre un scorpion. Calcédoine. Crète.

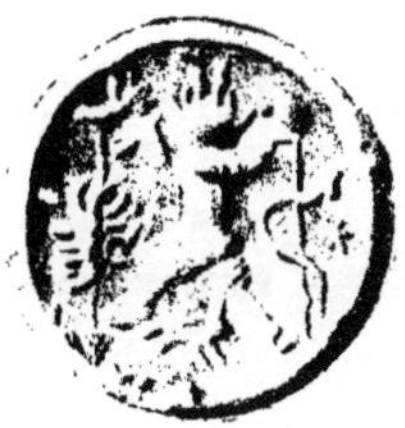

N° 151.

152 — CÔNE en sardoine gravée. Il représente deux quadrupèdes affrontés et séparés par un arbre. Crète.

Diam., 27 millim.

153 — OISEAU dressé sur ses pattes, les ailes fermées portent diverses inscriptions en caractères grecs, difficilement lisibles. Pierre verte.

Haut., 64 millim.

154 — DEUX CIGALES en agate.

155 — LION couché ; la crinière est indiquée au moyen de traits gravés. Cristal de roche.

Long., 42 millim.

156 — FRUIT simulé en feldspath.

157 — TRÈS PETIT VASE à panse ovoïde, à orifice mouluré. Sardonyx.

Haut., 32 millim.

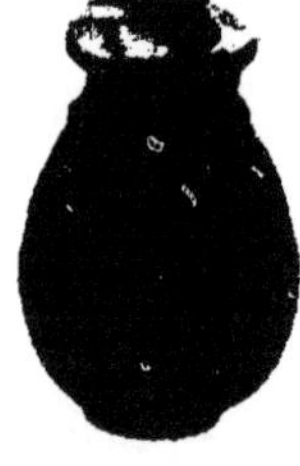

N° 157.

158 — TESSÈRE en ivoire, en forme de disque, et ornée d'une tête casquée de profil à droite.

Diam., 35 millim.

159 — TÊTE-APPLIQUE, vue de face. Ivoire. Travail romain.

Haut., 55 millim.

160 — TRÈS PETITE STATUETTE, représentant un personnage drapé, assis sur un tabouret, la main gauche à la tempe. Jais.

Haut., 40 millim.

161 — PETITE CROIX grecque sculptée. Stéatite.

Haut., 46 millim.

162 — PETITE LAMELLE de plomb portant une inscription romaine.

Larg., 36 cent.

163 — COUPE en verre opaque imitant l'onyx. Sur le bord est ménagé un petit déversoir.

Diam., 12 cent.

164 — FRAGMENT de coupe en verre moulé, à décor de feuilles réservées en blanc sur fond bleu.

165 — PETITE PLAQUETTE ajourée, en cuivre argenté, représentant la Vierge assise tenant l'Enfant Jésus. Au pourtour, huit médaillons contenant des bustes d'apôtres. Ancien travail oriental.

Diam., 52 millim.

166 — CROIX grecque en cuivre repoussé. Elle est ornée de divers motifs géométriques, disposés au milieu d'un encadrement formé d'un galon tressé. Ancien travail oriental.

Haut., 38 cent.

167 — COUPE ronde en cuivre. Elle est ornée d'une médaillon central repoussé, représentant l'aigle nimbé tenant un phylactère. Ancien travail oriental.

Diam., 168 millim.

168 — FRAGMENT de grand vase funéraire, en marbre blanc sculpté en bas-relief et représentant une jeune femme assise à gauche, donnant la main à un jeune homme barbu, drapé, debout devant elle. Au-dessus l'inscription : OE...IEYΞIΓΓH. Attique.

Haut., 45 cent.; larg., 30 cent.

169 — BAS-RELIEF rectangulaire, représentant un groupe de quatre guerriers casqués, armés de lances et de boucliers, passant à droite. Marbre blanc tendre.

Haut , 36 cent.; larg. 39 cent.

TERRES CUITES

170 — Pyxis cylindrique, munie de deux anses ajourées et d'un couvercle plat surmonté d'un bouton en forme de balustre. Elle est décorée d'une frise d'animaux inscrite entre deux galons quadrillés. Terre cuite à décor rouge sur fond jaune. Corinthe.

Diam., 105 millim.

171 — Œnochoé à goulot trilobé, à anse verticale. La panse est décorée d'une scène représentant un éphèbe debout et nu, à gauche, appuyé sur un bâton et causant à une jeune femme drapée placée devant lui. En haut, une guirlande de feuilles et en bas une grecque forment encadrement. Peinture rouge sur fond noir.

Haut., 24 cent.

172 — Œnochoé en terre cuite peinte, à goulot trilobé, et anse plate surmontée de deux rondelles. La panse est divisée en trois zones, deux présentant chacune une frise d'animaux passant, et l'autre des fleurs de lotus juxtaposées. Décor noir rehaussé de rouge sur fond jaunâtre.

Haut., 29 cent.

173 — Œnochoé en terre cuite peinte, à panse ovoïde, col évasé et anse plate à oreillettes. La panse est décorée d'une frise d'animaux passant. Peinture rouge sur fond jaune.

Haut., 29 cent.

174 — Coupe sur pied bas et munie de deux anses, en terre cuite peinte. Elle est ornée, à l'extérieur, sur chacun des côtés, d'une frise présentant Bacchus couronné de feuilles, à demi étendu sur un lit disposé au-dessous d'un cep de vigne chargé de grappes. A droite et à gauche, des yeux prophylactiques et des palmettes. Sous l'une des anses, l'inscription en lettres noires : **ΓΑΝΦΑΙΟΣ ΕΠΟΙΕΣΕΝ**. Décor noir rehaussé de blanc sur fond rouge.

Diam., 24 cent.

Cette coupe ne figure pas sur la liste des vases peints portant la signature de Pamphaïos.

175 — Quatre fragments de vases peints, à décor de personnages et de palmettes. Trois sont à ornements rouges sur fond noir, le quatrième est à peintures noires rehaussées de blanc sur fond rouge.

176 — Trois fragments d'un vase peint, à décor de personnages et de palmettes. Dessin au trait réservé en jaune sur fond rougeâtre.

177 — Fragment de bas-relief, représentant deux personnages assis face à face et dont l'un tient un coq. Terre cuite.

Hauteur et largeur, 105 millim.

178 — Fragment de coupe en terre incrustée et émaillée, présentant un griffon d'ancien style, passant à gauche, et disposé au milieu d'un compartiment à décor géométrique.

Haut., 4 cent.

179 — Satyre à mi-corps et nu, portant un bélier sur ses épaules. Terre cuite.

Haut., 65 millim.

180 — Tête d'homme, légèrement inclinée de côté, et couronnée de feuilles. Terre cuite. Smyrne.

Haut., 5 cent.

181 — Tête de fillette, de face, une boucle de cheveux ramenée sur son oreille droite. Smyrne.

Haut., 45 millim.

182 — Tête de satyre barbu, couronnée de fleurs. Terre cuite.

Haut., 10 cent.

www.ingramcontent.com/pod-product-compliance
Ingram Content Group UK Ltd.
Pitfield, Milton Keynes, MK11 3LW, UK
UKHW020447180726
13839UKWH00004B/1673